GOTAS DE SABEDORIA

Organização e compilação
Diác. Fernando José Bondan

GOTAS DE SABEDORIA

A espiritualidade dos Padres do Deserto para o dia a dia

EDITORA VOZES

Petrópolis

© 2020, Editora Vozes Ltda.
Rua Frei Luís, 100
25689-900 Petrópolis, RJ
www.vozes.com.br
Brasil

1ª edição, 2020.

2ª reimpressão, 2022.

Todos os direitos reservados. Nenhuma parte desta obra poderá ser reproduzida ou transmitida por qualquer forma e/ou quaisquer meios (eletrônico ou mecânico, incluindo fotocópia e gravação) ou arquivada em qualquer sistema ou banco de dados sem permissão escrita da editora.

CONSELHO EDITORIAL

Diretor
Gilberto Gonçalves Garcia

Editores
Aline dos Santos Carneiro
Edrian Josué Pasini
Marilac Loraine Oleniki
Welder Lancieri Marchini

Conselheiros
Francisco Morás
Ludovico Garmus
Teobaldo Heidemann
Volney J. Berkenbrock

Secretário executivo
Leonardo A.R.T. dos Santos

Editoração: Ana Lucia Q.M. Carvalho
Diagramação: Sheilandre Desenv. Gráfico
Revisão gráfica: Nilton Braz da Rocha
Capa: Rafael Nicolaevsky

ISBN 978-85-326-6387-0

Este livro foi composto e impresso pela Editora Vozes Ltda.

Prefácio

Gotas de sabedoria é um livro que quer aplicar no dia a dia a sabedoria e espiritualidade oriunda dos Padres do Deserto e de outros Santos Padres da Igreja.

Ao contrário do que se poderia pensar, a sabedoria ensinada e transmitida entre os monges do deserto a seus discípulos, principalmente do Egito, Síria e Palestina entre os séculos IV e VI d.C., são muito úteis ainda hoje para o homem da era pós-moderna. Nós, que vivemos numa sociedade líquida em que hoje se diz e se faz de um jeito e amanhã de outro, precisamos novamente de referências seguras da sabedoria prática daqueles homens e mulheres que marcaram o cristianismo para sempre. Seus ensinamentos mantêm ainda todo o seu frescor.

Tudo girava em torno da "paternidade espiritual", onde um mestre mais experimentado na vida ascética e cristã transmitia e ensinava a seu filho(a) espiritual o que aprendeu. A forma de transmissão desta sabedoria se fazia através dos chamados "ditos" ou "sentenças"; em grego, *apophtegmas*. Essas sentenças eram dirigidas especificamente ao discípulo para uma situação concreta; por isso, a importância de sempre contextualizar os ensinamentos que aqui registrei.

E como são esses apotegmas? Segundo o grande estudioso P.J.C. Guy, podemos classificar os apotegmas em cinco grupos:

a) O primeiro tipo é o da *pergunta-resposta*, onde o discípulo pergunta e o mestre responde.

b) Outro tipo é o da *resposta coletiva* de diversos pais espirituais. A fórmula pode ser resumida assim: "os nossos pais nos disseram", ou "Abba Moisés e os outros pais nos disseram".

c) Um terceiro tipo consiste num *resumo biográfico* que possui valor de uma palavra ou ensinamento.

d) Um quarto tipo são as *biografias amplas*, recolhidas nos apotegmas.

e) Por fim, existem os *apotegmas fragmentários*, que contêm fragmentos dos ensinamentos de um mestre famoso.

Na seleção que fiz neste livro, busquei os ensinamentos mais apropriados para o homem de hoje, e não tanto os ensinamentos específicos das vocações religiosas. Mesmo assim não podemos nos esquecer que os apotegmas se originaram de um contexto monástico-eremítico.

Espero que "Gotas de sabedoria" possa contribuir para a tua vida e tua espiritualidade cristã.

O compilador
14/08/2019 – Dia de São Maximiliano M. Kolbe

Apotegmas

1

A justiça divide-se em duas partes. Uma delas olha para Deus e a outra olha para os homens: aquele que é verdadeiramente justo ama a Deus de coração e ao próximo como a si mesmo.

São Justino

2

O cristão não é obra de persuasão humana, mas da grandeza da graça.

Santo Inácio de Antioquia

3

Deus recompensará tornando incorruptíveis aos que guardam a justiça, cumprem as leis e perseveram em seu amor, seja desde que receberam o batismo, seja desde que se converteram pela penitência. Ele lhes dará a vida e os revestirá no céu de eternos esplendores.

Santo Irineu

4

Assim como não diminui a água do poço por mais que se retire, assim aumentam as rendas daquele que dá esmola. A esmola pode ser comparada à abundância do leite que dão os peitos de uma mãe amorosa, porque quanto mais a criança necessitada o extrai mais produz.

São Clemente de Alexandria

5

Não é mais do que uma viagem aquilo que chamamos *morte*. Por isso, não se deve chorar a sorte do que partiu antes de nós; antes, devemos desejar segui-lo: e mesmo este desejo deve ser moderado pela paciência. O sentimento excessivo não é um sinal da mais viva esperança; desacredita a nossa fé, e é injurioso a Jesus Cristo o ter por infelizes e dignos de compaixão aos que Ele chama a si.

Tertuliano

6

Auxiliemo-nos uns aos outros com orações e consolemo-nos com recíproca caridade em nossos trabalhos. Aquele que pela misericórdia do Senhor merecer partir primeiro, sempre conserve na presença de Deus sua caridade para com seus irmãos, para implorar a clemência divina a favor dos fiéis que deixou no mundo.

São Cipriano

7

Compadecer-se dos pobres e fazer-lhes o bem é dar a juros ao próprio Deus; repartir com os mais necessitados é dar ao próprio Deus e oferecer-lhe um sacrifício espiritual de bom odor que muito lhe agrada.

São Cipriano

8

Abba[1] Isaías interrogou a Abba Pastor a respeito dos pensamentos impuros. Abba Pastor lhe disse: "Assim como com o tempo se corrompem as vestes que se deixam esquecidas em um baú, também os pensamentos, se não os pomos corporalmente em prática, se corrompem, isto é, desaparecem".

Abba Isaías

---

1 *Abba* e *amma* significam respectivamente papai e mamãe. Designam os pais e mães espirituais daquele tempo e como eram carinhosamente chamados.

9

Assim como uma mulher sabe que está grávida quando percebe que a criança se move, assim um verdadeiro cristão sente que recebeu o Espírito Santo no Batismo, pelos movimentos secretos de seu coração, pela impressão de uma alegria interior que experimenta principalmente nos dias festivos e solenidades e na recepção do sagrado corpo e sangue de Jesus Cristo.

Santo Atanásio

10

A fé tem por objeto verdades simples e puras, e Deus não nos chama à vida bem-aventurada com questões difíceis, nem se serve de artifícios de eloquência para atrair-nos; mas tem reduzido o caminho da eternidade a poucos conhecimentos, claros e fáceis de conceber.

Santo Hilário

11

É uma verdade fundada na infalível autoridade da Escritura que os anjos estão estabelecidos sobre nosso comportamento, e que oferecem todos os dias a Deus as orações dos que são salvos por Jesus Cristo.

Santo Hilário

12

Desejais ver-vos cheios da graça do Espírito Santo, e não encheis aos pobres com o alimento que necessitam. Pedis as coisas grandes e não comunicais as pequenas.

São Cirilo de Jerusalém

13

Não se devem desprezar as faltas, embora pareçam leves; porque vemos que um passarinho que caiu na rede, ainda que esteja preso por uma unha, todo o vigor e rapidez de suas asas não lhe poderão arrancar do perigo. Desse modo, embora o restante do corpo esteja livre e fora da rede, ele inteiro permanece preso.

Santo Efrém

14

Assim como o corpo não poderia viver sem alimento, também a alma necessita alimento espiritual; para isso é necessário sustentá-la com a Palavra de Deus, a oração dos Salmos, jejuns, vigílias, lágrimas, esperança e meditação dos bens vindouros.

Santo Efrém

15

É natureza do pecado dar pouco prazer e muita dor; agradar por pouco tempo e atormentar para sempre.

Santo Efrém

16

Armai-vos em todas as vossas ações com o sinal da cruz como com um escudo, porque ninguém se atreveria a ofender ao que traz o selo de um rei da terra; e o que podemos temer de qualquer parte, nós que trazemos a insígnia sagrada do Soberano Imperador do Céu?

Santo Efrém

17

Não se deve anunciar a Palavra de Deus por ostentação ou interesse: é necessário ensiná-la puramente pela glória do Senhor, como se o víssemos presente entre os que nos ouvem.

São Basílio Magno

18

Aquele que tem mais bens do que os necessários para as necessidades naturais da vida tem obrigação, por mandato do Senhor, que lhe deu o que tem, a utilizá-los no alívio do outro.

São Basílio Magno

19

Qual é a obrigação própria e particular dos que comem o pão e recebem a bebida de Deus? É a de conservar contínua a memória do que morreu e ressuscitou por eles. A que mais lhes obriga esta memória? A não viver mais para si mesmos, mas para aquele que morreu e ressuscitou por eles.

São Basílio Magno

20

O cristão enumera entre os vícios o fato de não progredir continuamente na virtude, o de não chegar a ser um homem novo no lugar do antigo e o permanecer sempre em um mesmo estado.

São Gregório Nazianzeno

21

Consideremo-nos como estrangeiros nesta terra, e coloquemos no céu toda a atenção da alma. Só uma coisa devemos ter por mal, e esta é o pecado; e só uma temos de estimar como bem, e é a virtude, porque nos une com Deus.

São Gregório Nazianzeno

22

Eu penso que o patriarca Jacó soube pela visão daquela escada misteriosa, que chegava da terra ao céu, que não existe outro caminho para chegar a Deus como o de ter a vista fixa nas coisas celestiais, e elevar continuamente seus desejos para o Senhor.

São Gregório de Nissa

23

Se alguém está encarregado do governo de outros, deve compadecer-se muito de seus erros e ter presente que, embora mais alto em dignidade do que eles, nem por isso é de outra natureza, e que assim está exposto a cair nas mesmas faltas.

São Gregório de Nissa

24

Os pobres são os administradores dos bens que também nós esperamos; os porteiros do Reino dos Céus, que abrem as portas aos bons e compassivos, e as fecham aos maus e desumanos; eles são também severos fiscais e magníficos advogados. Porém acusam ou defendem, não com discursos, mas somente com a sua presença ao comparecerem diante do juiz.

São Gregório de Nissa

25

A perfeição do cristão consiste em progredir sem deter-se, sabendo que a perfeição não tem limites.

São Gregório de Nissa

26

O jejum é o alimento da alma e do espírito, a vida dos anjos, a morte do pecado, a extinção das culpas, o remédio da saúde, a raiz da graça, o fundamento da castidade.

Santo Ambrósio

27

Oh, homem! É uma coisa muito superior à tua capacidade conhecer a profundidade da sabedoria divina: para ti deve bastar o crer.

Santo Ambrósio

28

Quanto maiores foram os nossos pecados, Senhor, maiores ainda são os bens espirituais que recebemos; porque vossa graça nos fez mais felizes que nossa inocência.

Santo Ambrósio

29

Com razão Maria é chamada, sobre todas as mulheres, a *cheia de graça*, porque somente ela alcançou uma graça tão singular, que nenhuma outra criatura a mereceu semelhante, pois ficou cheia do próprio Autor da Graça.

Santo Ambrósio

30

Somente Jesus Cristo é tudo para nós. Se estás ferido, Ele é teu médico; se te abrasa a ardente febre, Ele é a fonte; se estás oprimido com o peso da maldade, Ele é a justificação; se necessitas de auxílios, Ele é teu protetor; se temes a morte, Ele é a vida; se desejas ir ao céu, Ele é o caminho; se foges das trevas, Ele é a luz; se precisas comer, Ele é teu alimento. *Degusta e vê quão suave é o Senhor!*

Santo Ambrósio

31

A Igreja é o porto tranquilo da paz, é um lugar de delícias que esparge suave fragrância da vinha que nos produz o cacho de bênçãos, e nos dá cada dia uma bebida, que mitiga nossas penas, oferecendo-nos o sangue puro e verdadeiro de Jesus Cristo.

Santo Epifânio de Salamina

32

Tende sempre um livro à mão, aprendei de memória todo o Saltério, seja contínua a vossa oração, velai sem cessar sobre os sentidos, e não vos deixeis distrair com vãos e maus pensamentos. Por fim, trabalhai em alguma obra para que o demônio vos encontre sempre ocupados.

São Jerônimo

33

Como a carne de Nosso Senhor é um verdadeiro alimento, e seu sangue uma verdadeira bebida, o único bem que nos resta neste mundo é comer sua carne e beber seu sangue; não só nos santos mistérios, mas também no ensinamento das Escrituras: porque as luzes que nestas encontramos são o sustento e a bebida que extraímos da Palavra de Deus.

São Jerônimo

34

Aquele pobre que desprezamos ou olhamos com desdém, cuja vista só nos desgosta o coração, é, não obstante, semelhante a nós, formado da mesma terra, composto dos mesmos elementos, e todos estamos sujeitos às mesmas enfermidades que ele, por isso devemos olhar seus males como se fossem nossos.

São Jerônimo

35

A verdadeira união e amizade é a que se aprofunda com o laço de Jesus Cristo, e não se funda em utilidades temporais, na familiaridade, na condescendência nem na adulação, mas no temor de Deus e num amor igual ao das Divinas Escrituras.

São Jerônimo

36

Não acreditemos que é suficiente um fervor passageiro da fé: porque é preciso que cada um leve continuamente sua cruz, para assim dar a entender que é incessante o nosso amor a Jesus Cristo.

São Jerônimo

37

Todo o nosso trabalho e toda a perfeição de nossa vida consistem na vigilância de nosso coração e no desapego de nossa própria vontade. Por sermos incapazes de ver nossas trevas e de descobrir as ciladas que nosso inimigo tem ocultas, nosso espírito não se desprende do cuidado das coisas exteriores e não entra com aplicação no exame de si mesmo.

São Paulino de Nola

38

A bondade do Pai Celestial é tão extremada, que sua própria indignação é um efeito de sua misericórdia, e quando castiga neste mundo, é para perdoar.

São Paulino de Nola

39

Não respondamos aos que falam mal de nós: falemos somente com o Senhor no silêncio da humildade e com a voz da paciência, e o Salvador, que é invencível, combaterá por nós.

São Paulino de Nola

40

Trabalhemos pela salvação de nossos irmãos. Um homem honrado, abrasado de zelo, de uma fé viva, é capaz de corrigir a um povo inteiro.

São João Crisóstomo

41

Dizei: eu renuncio a ti, satanás, a tuas pompas e a teu serviço; e a Vós, Jesus Cristo, eu vos amo. Juntai a estas palavras o sinal da cruz na frente; e depois não temais que os homens nem os demônios vos possam fazer algum verdadeiro mal.

São João Crisóstomo

42

As orações são armas maravilhosas, tesouros inesgotáveis e portos seguros. Elas são as causas, princípios, fontes e raízes de todos os bens. Não digo isto das orações tíbias, mornas e indiferentes; mas somente das orações vivas, que saem de uma alma penetrada do arrependimento de seus pecados e de um coração realmente contrito.

São João Crisóstomo

43

Jesus Cristo chorou a morte de Lázaro, portanto, nos é permitido chorar, mas com moderação, com reserva e com temor de Deus.

São João Crisóstomo

44

Jesus Cristo não quer que nos demos por satisfeitos com a simples leitura das Escrituras, mas aprofundando, por assim dizer, até a medula, tiremos toda a substância, pois a Escritura costuma encerrar em poucas palavras uma infinidade de sentidos.

São João Crisóstomo

45

Fazei, portanto, de vossa casa uma Igreja, porque algum dia haveis de dar conta da salvação de vossos filhos e empregados.

São João Crisóstomo

46

Não é o viver na solidão que faz solitários[2], mas ter o coração possuído do amor e desejo da verdadeira sabedoria.

São João Crisóstomo

---

2 Eremitas, anacoretas.

47

Para que as coisas de Deus nos movam é preciso buscar o silêncio e o repouso; não tanto dos lugares como dos corações; porque se em nossa alma trazemos um desejo e amor sincero do repouso, mesmo no meio das cidades estaremos livres das inquietudes.

São João Crisóstomo

48

Por que Deus criou aos que sabia que haviam de ser maus? Porque assim como previu o mal que haviam de fazer, assim também previu o bem que Ele tiraria de suas más ações.

Santo Agostinho

49

Como te posso compreender, ó Deus, sendo tão grande, se não posso compreender a mim, que sou tão pequeno?

Santo Agostinho

50

Eu não creria no Evangelho, se a isso não me movesse a autoridade da Igreja Católica.

Santo Agostinho

51

Sofrer a pobreza é próprio de todos os homens, mas saber sofrê-la é de grandes homens. O mesmo acontece na riqueza: quem há que não possa desfrutá-la? Porém, saber ser rico e viver em santidade somente é concedido àquele cujo coração não se perverte com a abundância.

Santo Agostinho

52

Jesus Cristo está vos pedindo secretamente em seus pobres, mesmo que eles nada peçam; e sua voz, mesmo quando não é ouvida, é muito forte, pois não é muda no Evangelho.

Santo Agostinho

53

Quando aceitamos a fé, nem por isto excluímos totalmente a razão; pelo contrário, procuramos com ela adquirir algum conhecimento, ainda que obscuro, dos mistérios.

São Cirilo de Alexandria

54

Os fiéis têm o costume de se armarem com o sinal da santa cruz, e nós sempre nos servimos dela para destruir os ardis e ciladas do demônio, e resistir aos seus ataques, porque consideramos a cruz como um muro impenetrável. Nela depositamos toda a nossa glória e cremos que busca a nossa salvação.

São Cirilo de Alexandria

55

Fiquei pasmo de que houvesse pessoas que duvidassem se a bem-aventurada Virgem era chamada Mãe de Deus, ou não. Porque, se Nosso Senhor Jesus Cristo é Deus, como não será Mãe de Deus a Virgem que lhe deu à luz?

São Cirilo de Alexandria

56

Quereis apresentar a Jesus Cristo um jejum puro e um zelo verdadeiro? Olhai com olhos favoráveis àqueles que lutam contra a pobreza, contra um monstro tão cheio de raiva e furor.

São Cirilo de Alexandria

57

Quanto mais versada está uma pessoa nas coisas de Deus, mais abrasa-se a si mesma e aos outros nas chamas do amor divino.

São Teodoreto

58

De Deus depende a fertilidade da terra e tornar a navegação próspera; mas se este Senhor dispõe o contrário, devemos sujeitar-nos às suas ordens, sem questionar com excessiva curiosidade o motivo de seu comportamento para conosco, porque Ele é incompreensível.

São Teodoreto

59

Aquele que ama a Deus se satisfaz agradando a seu amado; e não se deve desejar prêmio maior do que o próprio amor; porque o próprio Deus é caridade, e a alma devota e casta se alegra tanto de ver-se cheia de Deus, que não deseja deleitar-se com outra coisa que não seja o Senhor.

São Leão Magno

60

Não basta esgotar o corpo com a abstinência se a alma não adquire novas forças. Quando se procura afligir o homem exterior, é necessário confortar o interior. Quando negamos à carne o alimento corporal, devemos alimentar a alma com delícias espirituais.

São Leão Magno

61

O amor aos inimigos não é só um conselho, mas um preceito do qual ninguém está dispensado. Para que o cumpramos com facilidade, bastará lembrarmos que Deus perdoou as nossas culpas, sendo incomparavelmente maiores que as ofensas que os homens nos têm feito.

São Cesário de Arles

62

O que os ricos recebem dos pobres é muito superior ao que lhes dão: eles lhes dão uma moeda, um pedaço de pão, uma roupa, mas recebem de Jesus Cristo um reino, a vida eterna e o perdão de seus pecados.

São Cesário de Arles

63

Acima de todas as orações temos de dirigir ao Senhor a do *Pai-nosso*, porque não devemos duvidar de que ouvirá uma oração que Ele mesmo instituiu.

São Cesário de Arles

64

Quis o Senhor que nos fosse ocultado o tempo de nossa morte, para que a mesma incerteza daquele momento nos obrigasse a estar sempre bem preparados.

São Gregório Magno

65

Se a alma se apega a Deus com todo o fervor de que é capaz, todas as amarguras desta vida lhe parecem doces e agradáveis.

São Gregório Magno

66

Nosso coração não é verdadeiramente santo, quando de nenhum modo lhe inflamam os dardos do amor de Deus; quando não sente a infelicidade de seu desterro; quando não se compadece do mal do próximo.

São Gregório Magno

67

Aproximemo-nos do Sacramento da Eucaristia com um ardente desejo, recebamos nele o divino fogo que há de consumir os nossos pecados, iluminar os nossos entendimentos, inflamar nossos corações e fazer-nos como outros tantos deuses.

São João Damasceno

68

Ter para convosco, ó bendita Virgem, uma devoção singular, é ter aquelas armas defensivas que Deus põe na mão dos que quer salvar.

São João Damasceno

69

Depois que Deus se fez homem, podemos pintar a imagem de sua forma humana: seu nascimento da Virgem, seu batismo no Jordão, sua transfiguração no Tabor, seus tormentos na cruz, sua sepultura, sua ressurreição, sua ascensão, e expressar tudo isto com cores, como com palavras.

São João Damasceno

70

No princípio existem grandes lutas e penas para os que se aproximam de Deus, mas depois encontram uma alegria inefável. Como aqueles que querem acender o fogo, primeiro absorvem a fumaça e lacrimejam, mas depois alcançam o que buscam, e dizem: *Nosso Deus é um fogo ardente*. Igualmente devemos acender em nós o fogo divino com lágrimas e esforço.

Amma Sinclética

71

Como os remédios mais amargos repelem os animais venenosos, assim a oração com o jejum expulsa o mau pensamento.

Amma Sinclética

72

Quando um rei quer conquistar uma cidade inimiga, antes de qualquer coisa corta a água e os mantimentos; desse modo os inimigos, consumidos pela fome, acabam por se submeterem. O mesmo acontece com as paixões da carne: se o homem combate com o jejum e com a fome, os inimigos se tornam impotentes com a alma.

João o Pequeno

73

Quando Jesus Cristo entra com seu Espírito na alma que o deseja, a dureza do coração imediatamente se desfaz, e algumas vezes são tantas as lágrimas em que se derrete, que mal pode entender como coube nela o que com exultação reconhece que recebeu.

São Gregório Magno

74

É uma verdade indiscutível que a Providência Divina dispõe de tudo na criação. Deus considera de antemão todas as coisas e cuida de tudo. Isto é divino amor paternal.

Elías Minjatios

75

A falsidade, e somente a falsidade, nos separa de Deus. Os pensamentos falsos, os falsos sentimentos e os desejos falsos contêm o acréscimo de mentiras que nos levam ao nada, à ilusão e à rejeição de Deus.

São Nicolau da Sérvia

76

Um homem humilde que vive uma vida espiritual, quando lê as Santas Escrituras, relacionará tudo consigo mesmo e não com os outros.

São Marcos o Asceta

77

Se vives no cenóbio não mudes de lugar, porque isso te prejudicaria muito. O pássaro que se afasta dos ovos os torna infecundos, assim também o monge ou a virgem se esfriam e morrem na fé quando vão de um lugar para outro.

Amma Sinclética

78

Imita ao publicano para não ser condenado com o fariseu (Lc 18,10-14). Escolhe a mansidão de Moisés para que convertas teu coração, que é uma rocha, em um manancial de água.

Amma Sinclética

79

Enquanto és jovem e são, jejua, porque depois chega a velhice com a fraqueza. Enquanto possas fazê-lo, entesoura privando-te da alimentação, para que, quando não o possas fazer, encontres descanso.

Amma Sinclética

80

Não te enganes acerca do conhecimento do que acontecerá depois da morte. O que semeias aqui, colherás lá. Depois de sair daqui ninguém pode progredir. Aqui está a obra, ali a recompensa; aqui o combate, ali as coroas.

São Barsanúfio de Gaza

81

Limpa a tua mente da ira, da lembrança do mal e dos pensamentos vergonhosos, então encontrarás como Cristo habita em ti.

São Máximo Confessor

82

Na medida em que rezares com toda a tua alma por aquele que te injuriou, assim Deus revelará a verdade aos que têm acreditado no difamador.

São Máximo Confessor

83

Aproxima-te dos justos, e por eles te aproximarás de Deus. Comunica-te com os que possuem humildade e aprenderás lições morais deles. Um homem que segue outro que ama a Deus se enriquece nos mistérios de Deus; porém, o que segue um homem injusto e orgulhoso, se afasta de Deus e será odiado por seus amigos.

Santo Isaac o Sírio

84

Não cultives o ódio pelo pecador, pois todos somos culpáveis. Rejeita seus pecados e reza por ele, para que te assemelhes a Cristo que não teve desgosto pelos pecadores, mas rezou por eles.

Santo Isaac o Sírio

85

O que com temor de Deus corrige e dirige a um pecador, ganha uma virtude, a de resistir ao pecado; mas quem insulte a um pecador com rancor e sem boa vontade cai, segundo a lei espiritual, na mesma paixão com o pecador.

São Marcos o Asceta

86

Não relaxes na oração, pois assim como o corpo se enfraquece quando é privado de alimento, assim também a alma quando é privada da oração entra em fraqueza e morte espiritual.

São Genádio de Constantinopla

87

Sê corajoso e crê que Ele é puro e purifica aos que o cercam. Se queres obter o verdadeiro arrependimento, demonstra-o com tuas ações: Se caístes no orgulho, demonstra a tua humildade; se na embriaguez, demonstra sobriedade; se na impureza, demonstra pureza em tua vida. Pois foi dito: *Afasta de ti todo mal e faz o bem.*

São Genádio de Constantinopla

88

Quem detesta seus pecados deixará de pecar, e quem os confessa receberá absolvição. Um homem não consegue abandonar o hábito de pecar se não ganha antes inimizade com o pecado, nem pode receber absolvição do pecado sem confissão, pois a confissão do pecado é a origem da verdadeira humildade.

Santo Isaac o Sírio

89

Quando as pessoas começam a nos louvar, lembremos rapidamente nossas várias transgressões e veremos que, na verdade, somos indignos daquilo que dizem e fazem em nossa honra.

São João Clímaco

90

Se se quer vencer a preguiça, é mister dominar antecipadamente a tristeza; para nos vermos livres desta, antes devemos reprimir a ira; a extinção da ira exige como condição prévia pisotear a avareza; para extirpar a avareza há que dominar com anterioridade a luxúria; e mal poderá se conter na luxúria quem não corrija primeiro o vício da gula.

São João Cassiano

91

O olho vê o que é visível, mas a mente alcança o invisível. A mente que ama a Deus é a luz da alma. Quem tem uma mente amante de Deus, esse está iluminado em seu coração e com sua mente contempla a Deus.

Santo Antão

92

Não são inteligentes aqueles que aprenderam os ditos e os escritos dos antigos sábios, mas aqueles que têm uma alma sábia, os que podem distinguir o bem do mal; e eles evitam com sabedoria tudo o que é prejudicial e mau para a alma, mas aquilo que é proveitoso e bom, o desejam e fazem isto com grande agradecimento a Deus.

Santo Antão

93

Aquele que não tem maldade, esse é perfeito e semelhante a Deus, ele está cheio de alegria e do Espírito de Deus. Porém, assim como o fogo pode queimar grandes florestas se não estamos atentos para controlá-lo, assim a maldade, se a deixas entrar em teu coração, levará tua alma à perdição, profanará teu corpo e invocará dentro de ti muitos maus pensamentos.

Santo Antão

94

A morte é, para os homens que a compreendem, a imortalidade, e para as pessoas simples, os que não a compreendem, é a morte. A morte física não deve ser temida, mas deve-se temer somente a perdição da alma, a qual procede do desconhecimento de Deus – isto é o que é espantoso para a alma!

Santo Antão

95

Aquele que recebeu a graça se considera a si mesmo o pior de todos os pecadores. E tal pensamento é natural para ele. Quanto mais profundamente o homem conhece a Deus, tanto mais se considera a si mesmo ignorante; e quanto mais estuda, tanto mais se considera como não sabendo nada. A graça que o ajuda lhe inspira este tipo de pensamentos como naturais.

Santo Antão

96

Não dês muito alimento a teu corpo, e então não verás em teus sonhos visões ruins; porque assim como a água apaga o fogo, assim a fome (apaga) os pensamentos imundos.

Evágrio

97

Assim como o ferro, depois de estar em contato com o fogo, torna-se intocável, assim as orações frequentes fortalecem a mente para a luta com o inimigo. Por isso é que os demônios tratam com todas as suas forças de enfraquecer nossa tendência para a oração, sabendo que a oração os derrota.

São João de Carpácia

98

A graça desde o momento mesmo do batismo invisivelmente habita nas profundezas da alma, ocultando, contudo, sua presença aos sentidos do novo batizado. Mas quando ele começa a amar a Deus com todo o coração, então a graça através do sentido da mente começa de uma maneira misteriosa a conversar com a alma, frequentemente partilhando com ela seus bens.

São Diádoco de Fótice

99

Todos nós somos criados à imagem de Deus. Porém, assemelhar-se a Deus só é alcançável àqueles que por seu grande amor se fizeram servos dele. Porque, quanto mais renunciamos a nós mesmos tanto mais nos assemelhamos Àquele que, por seu grande amor, nos reconciliou consigo.

São Diádoco de Fótice

100

Para as pessoas que recém-começam a amar a devoção, o caminho das virtudes lhes parece áspero e atemorizante. E isto acontece não porque ele seja assim por essência, mas porque as pessoas desde a sua infância se acostumam a viver amplamente e em prazeres. Para aquele, porém, que tem vivido piedosamente uma certa parte de sua vida, o caminho das virtudes lhe é apresentado como bom e alegre.

São Diádoco de Fótice

101

Assim como a cera não aquecida e suavizada não pode receber com nitidez o selo que se põe sobre ela, assim também o homem, enquanto não for provado com trabalhos e dificuldades, não pode produzir sobre si o selo das virtudes de Deus.

São Diádoco de Fótice

102

A água por sua natureza é branda, e a pedra dura. Contudo, quando a água, caindo pelo canal, goteja sobre a pedra, pouco a pouco a perfura. Assim também a Palavra de Deus é branda, e nosso coração áspero. Mas se o homem escuta frequentemente a Palavra de Deus, então seu coração se abranda e torna-se capaz de receber dentro de si o temor de Deus.

Abba Pimén

103

O triunfo espiritual do homem se mede por sua humildade. Na medida em que ele se submerge na humildade, tanto se elevará nas virtudes.

Mestre anônimo

104

Havia um monge o qual, por causa de muitas tentações, disse: "Me vou daqui". E enquanto estava atando as sandálias, viu a outro homem que fazia o mesmo, e que lhe disse: "Acaso vais partir por minha causa? Veja, te precederei para onde quer que vás".

Amma Teodora

105

Nega os maus pensamentos, não lhe dês atenção, e eles se afastarão de ti. Eles desordenam somente àquele que tem medo deles.

Abba Isaías

106

Que consolação indescritível! Quando a alma convencida de sua salvação se separa do corpo, deixando-o como se fosse roupa! Porque, como se já possuísse os bens futuros, ela o deixa sem pesar, indo em paz até o anjo que com alegria desce do alto para ela, e junto com ele e sem impedimento, passando a extensão aérea, não sendo submetida a nenhum ataque da parte dos espíritos do mal, mas com alegria elevando-se com segurança e com agradecidas exclamações, até que alcança a adoração ao Criador, e ali receberá a disposição de ser alojada junto a uma infinidade de outras semelhantes aparentadas a ela nas virtudes até a comum ressurreição.

Teognosto

107

Aquele que lavra a terra se esforça incansavelmente sobre ela, suportando seja o calor ou o frio, tendo por objetivo torná-la frutífera. E ele sabe que de outra forma não receberá a colheita desejada. Assim o ascetismo tem seu objetivo, pelo qual o homem que busca a perfeição, animado e incansavelmente leva distintos esforços e por causa desta meta ele não se cansa com os frequentes jejuns, se deleita na vigília, lê sempre as Santas Escrituras e não se atemoriza nem pelos esforços nem pelas privações.

São João Cassiano

108

Não basta o jejum para se conseguir a perfeita castidade. É necessário acrescentar tanto uma abatida penitência do espírito como uma oração perseverante contra este repugnante espírito. Além disso, é necessário ler continuamente as Sagradas Escrituras, ocupar-se com a meditação a respeito de Deus e alternar isto com o trabalho físico e artesanal, os quais previnem aos pensamentos vagarem errantes para lá e para cá. Mas acima de tudo, deve-se ter uma profunda humildade.

São João Cassiano

109

Não há outra paixão que aniquile de tal forma todas as virtudes e prive o homem da justiça como a soberba. Esta paixão, como se fosse uma infecção, destrói toda a existência com letal desordem e pretende lançar à perdição até os homens que têm alcançado o cume das virtudes.

São João Cassiano

110

Quem ensina deve ignorar o amor ao poder e à vanglória, não deve deixar-se enganar pelas adulações nem cegar pelos presentes, não deve deixar-se vencer pela gula nem dominar pela ira. Ao contrário: deve ser indulgente, manso, sobretudo humilde, provado, paciente, solícito e amante das almas.

Amma Teodora

111

Muitos não sabem que frequentemente nossos pensamentos não são outra coisa que ilusórias figurações de sensitivos temas mundanos. Quando permanecemos mais demoradamente na oração vigilante, então a mente se liberta de imagens materiais estranhas, começa a compreender as astúcias dos supostatos (as intrigas dos demônios, que semeiam na mente pensamentos vãos) e sentir o proveito da oração e dos pensamentos a respeito de Deus.

Santo Isígio de Jerusalém

112

A terra que não é trabalhada durante muito tempo faz crescer os pastos inúteis e a mente do guloso gera pensamentos vergonhosos. Muita quantidade de lenha faz que o fogo fique muito alto, e a muita quantidade de comida alimenta a concupiscência. As chamas desaparecem quando termina o material combustível, e a temperança na alimentação seca a concupiscência.

São Nilo do Sinai

113

O amor ao dinheiro é a raiz de todos os males. Como os ramos maus, ele alimenta muitas outras paixões: a amargura, a inveja, a hipocrisia, a vaidade e outras. Por isso o homem, desejoso de acabar com outras paixões, deve primeiro arrancar a sua raiz.

São Nilo do Sinai

114

Aquele que ama este mundo tem muitas tristezas, mas o que está acima do mundano sempre está alegre.

São Nilo do Sinai

115

Não é virtuoso aquele que pratica a misericórdia com muitos, mas aquele que não ofende a ninguém.

São Nilo do Sinai

116

Apresenta-te, pecador, ante o bom médico e cura-te sem esforço. Tira de cima de ti o peso dos pecados, traz tua oração e umedece com lágrimas tuas feridas supurantes. Porque este Médico celestial, com lágrimas e com suspiros, cura as úlceras. Apresenta-te então e traz lágrimas, este é o melhor remédio. Porque isto é agradável ao Médico celestial, que cada um com suas próprias lágrimas se medique e com isto se salve.

Santo Efrém diácono

117

Desejas rezar sem distração? Faça com que tua oração provenha da profundidade da alma. Como a árvore que lançou profundas raízes, ante a pressão de ventos fortes não se quebra, assim a oração que sai da profundidade da alma se eleva ao céu, e nenhum pensamento colateral poderá corrompê-la. Por isso o profeta diz: *Das profundezas clamei a ti, Senhor.*

Santo Efrém diácono

118

Não despreze o serviço (a missa) na igreja com a desculpa de alguma obra. Como a chuva alimenta e faz crescer a semente, assim as liturgias na igreja fortalecem a alma nas virtudes.

Santo Efrém diácono

119

Não abras teus pensamentos para qualquer pessoa, mas somente para aqueles de quem tu sabes que são espirituais, porque são muitas as redes do diabo. Dos homens espirituais não ocultes nada, para que o inimigo, encontrando para si um lugarzinho, não se aninhe dentro de ti.

Santo Efrém diácono

120

Frente ao ardor dos desejos (carnais) medita a respeito do fogo que não se apaga e do verme que nunca morre e no mesmo instante se apagará o ardor de teus membros. De outra maneira, enfraquecendo-te, serás vencido e te acostumarás ao pecado, ainda que te arrependas.

Santo Efrém diácono

121

Se veio o sofrimento, esperaremos a aproximação da alegria. Tomemos por exemplo os que navegam no mar: quando se levanta a tormenta, eles lutam contra as ondas, esperando que o mar se acalme; e quando vem o tempo calmo, eles se preparam para a tormenta. Eles sempre estão vigilantes, para que o vento, soprando repentinamente, não os encontre despreparados e não naufrague o barco. Assim devemos agir quando nos aconteça algum sofrimento ou estejamos em situações difíceis: esperemos o alívio e o auxílio de Deus, para que não nos oprima o pensamento, como se já não tivéssemos esperança em nossa salvação.

Santo Efrém diácono

122

Eu tenho visto pessoas fracas de alma e de corpo, as quais, por causa da grande quantidade de pecados cometidos, puseram-se a fazer esforços que estavam acima de suas forças. E eu lhes disse que Deus julga o arrependimento não pela medida dos trabalhos (ascéticos), mas pela medida da humildade, que se acompanha com o pranto, abatimento e aversão ao pecado.

São João Clímaco

123

Algumas pessoas são por natureza inclinadas à continência, ou ao silêncio, ou à pureza, ou à sobriedade, ou à fortaleza, ou à compaixão. E há aqueles que têm uma natureza quase completamente oposta a essas boas qualidades, mas pelo esforço se obrigam a si mesmos para elas, e embora às vezes caiam, contudo, como triunfadores sobre a sua natureza, eu os louvo mais do que aos primeiros.

São João Clímaco

124

Se o Espírito Santo é a paz da alma, e a ira é a perturbação do coração, então, nada dificulta mais a sua permanência em nosso interior que a cólera incendiada.

São João Clímaco

125

Nosso bondoso Senhor, vendo que alguém é extremamente indiferente para o esforço, humilha seu corpo com a enfermidade, como um esforço menos difícil, e assim purifica a alma de pensamentos malignos e paixões.

São João Clímaco

126

Quem pede a Deus dons por seus esforços, esse se afirma sobre um perigoso fundamento. E o que, pelo contrário, vê a si mesmo como um eterno devedor ante Deus, este, acima de suas expectativas, acabará enriquecido com os dons celestiais.

São João Clímaco

127

Alguns apreciam mais que tudo o dom de milagres e outros dons espirituais exteriores, não sabendo que há muitos dons excelentes, que são entesourados em segredo e por isso são seguros, sem risco de provocar a queda.

São João Clímaco

128

Recordando a grandeza e incomensurabilidade de Deus, não devemos nos desesperar e pensar que somos muito insignificantes para seu amor aos homens. Da mesma forma, recordando a espantosa profundidade de nossa queda, não devemos duvidar da possibilidade de restaurar em nós as virtudes mortas pelo pecado. Tanto um quanto o outro são possíveis para Deus.

São Máximo Confessor

129

Se te alcança uma tentação inesperada, não culpes àquele através do qual ela veio, mas trata de entender com que finalidade chegou, e então, alcançarás a correção. Porque ora tenha vindo através dele ou ora vier de qualquer outro homem, te era estabelecido igualmente beber a amargura da taça dos destinos de Deus.

São Máximo Confessor

130

Desejando teologizar, não busques perceber a Deus em seu ser, porque isto é inalcançável tanto para o homem como para qualquer outra mente. Medita segundo tuas possibilidades sobre suas propriedades: Sua eternidade, sua incognoscibilidade, sua bondade, sua sabedoria e sua força todo-poderosa, que dirige tudo e a todos com justiça.

São Máximo Confessor

131

Não existe estado de divinização que seja alcançável para a natureza, porque ela não pode conhecer a Deus. Somente a graça divina possui a capacidade de transmitir a divinização aos seres por meios acessíveis para eles. Então a natureza brilha com luz sobrenatural e se eleva acima de seus limites naturais com superabundância de glória.

São Máximo Confessor

132

Refreia a força da irritabilidade da alma com o amor, a força das paixões mortifica-a com a abstinência e, a mente, eleva-a com as asas da oração. Então a luz nunca diminuirá em tua alma.

São Máximo Confessor

133

Penso que não é justo denominar morte ao final desta vida, mas antes creio que esta deveria chamar-se a libertação da morte, o afastamento da região do passageiro, a libertação da escravidão, a cessação das inquietudes, o final da luta, a partida da região das trevas, o descanso dos trabalhos, o acobertamento da vergonha, a libertação das paixões, em poucas palavras: o término de todos os males.

São Máximo Confessor

134

Se tu sentes rancor de alguém, ora por ele para deter dentro de ti o acionar do rancor com a oração e afastar a angústia pelo mal que te causou. Tendo-te tornado amistoso e amante do próximo, lançarás completamente esta paixão de tua alma. Quando é o outro que se desgosta de ti, sê carinhoso com ele e humilde e trata-o amistosamente e, desta maneira, o ajudarás a livrar-se do rancor.

São Máximo Confessor

135

Não corrompas teu corpo com obras vergonhosas e não sujes tua alma com maus pensamentos. Então, a paz de Deus descerá sobre ti, trazendo consigo o amor.

São Máximo Confessor

136

Quantas vezes deve-se orar para que a mente receba a revelação de como se deve agir? Quando não podes perguntar a um mestre experimentado, deves orar três vezes a respeito do assunto em questão e depois disto observar para onde se inclina o coração, embora seja por um cabelo, e depois agir de acordo a isso.

Barsanúfio e João

137

Diante da pergunta se devemos discutir com os pensamentos que nos atormentam, direi: não discutas. Pois os inimigos desejam exatamente isso, e ao ver tal discussão não deixarão de atacar. Melhor, ora ao Senhor a respeito disso, descobre diante dele tua fraqueza e Ele te ajudará não só a afastar esses pensamentos, mas os aniquilará completamente.

Barsanúfio e João

138

Às vezes o silêncio é melhor e mais convincente que distintas conversas instrutivas. Usemos comedidamente das palavras, recordando ao que disse: *Diante de muitas palavras não evitarás o pecado.*

Barsanúfio e João

139

Assim como atrás dos corpos seguem as sombras, assim também atrás do cumprimento dos mandamentos seguem as tentações, porque ninguém entrará no Reino dos Céus sem tentações. Por isso, suporta sem duvidar e ora, e o bom Deus te premiará por tua atenção e paciência.

Doroteu de Gaza

140

O pensamento que ilumina a mente e lhe mostra o que é bom e o que é mau chama-se consciência. A consciência é uma lei natural. Seguindo a voz da consciência, os patriarcas e os santos que viveram antes da lei escrita agradavam a Deus.

Doroteu de Gaza

141

Existem dois aspectos da humildade. O primeiro consiste em considerar que teu irmão é mais sábio e superior em tudo, ou, de acordo com o conselho dos Santos Padres, "considerar-se a si mesmo abaixo dos outros". O segundo consiste em considerar teu esforço como obra de Deus, e isto é a perfeita humildade dos santos.

Doroteu de Gaza

142

Deves saber que se algum pensamento inquieta ao homem e não o confessa, com isto se reforça este pensamento e se lhe dá ainda mais força para atacar e atormentar. Se o homem confessa este pensamento que o persegue, se o enfrenta, luta com ele e produz desejos opostos a ele, a paixão se enfraquecerá e finalmente deixará de tirar-lhe a paz.

Doroteu de Gaza

143

Os verdadeiros justos sempre pensam que são indignos de Deus. E que eles são verdadeiramente justos se vê precisamente do fato de que eles se consideram a si mesmos perdidos e indignos de que Deus se ocupe deles, e que aceitam esta consideração tanto em privado como em público, sendo conduzidos a esta sabedoria pelo Espírito Santo.

Santo Isaac o Sírio

144

Quando deres, faze isso com grandeza de alma, com ternura no rosto, e entrega mais do que te estão pedindo.

Santo Isaac o Sírio

145

A quem socorre o necessitado Deus o protege. E quem empobrece por causa de Deus, conseguirá um tesouro inesgotável. Deus se alegra quando vê que o homem por causa dele se ocupa dos demais. Quando alguém te pedir algo não penses: "Reservarei isto para mim para quando tiver necessidade, e Deus, através de outras pessoas, saberá dar a esta pessoa o que necessita". Tais pensamentos são próprios dos negligentes e que não conhecem a Deus.

Santo Isaac o Sírio

146

Recorda incessantemente o momento em que haverás de sair desta vida e não te esqueças do juízo eterno, assim não haverá culpa em tua alma.

Evágrio

147

Quem deseja que Deus ouça prontamente a sua oração, quando se levanta e estende as mãos ao Senhor, antes de orar por qualquer outra coisa e por sua própria alma, deve orar de coração por seus inimigos. Por esta boa ação Deus o escutará quando depois lhe pedir qualquer coisa.

Zenão

148

Tenho medo de três coisas: do momento em que minha alma saia de meu corpo, do momento em que minha alma se encontre com Deus, do momento em que se pronuncie a sentença contra mim.

Abba Elias

149

Lutai por entrar pela porta estreita. Acontece como com as árvores: se não ultrapassam os invernos e as chuvas, não podem dar fruto. Igualmente para nós: o século presente é o inverno. Só através de muitos sofrimentos e tentações podemos chegar a ser herdeiros do Reino dos Céus.

Amma Teodora

150

Havia um monge que era presa da febre, calafrios e dores de cabeça quando queria ir à liturgia. E dizia a si mesmo: "Veja, estou doente, e numa dessas vezes morrerei. Pois bem, me levantarei antes de morrer para ir à liturgia!" Com este pensamento dava a si mesmo forças e ia para a liturgia. Quando terminava a liturgia, terminava também a febre. Este irmão resistiu mais vezes, repetindo para si mesmo este pensamento e assistindo à liturgia. E venceu o maligno.

Amma Teodora

CATEQUÉTICO PASTORAL

Catequese – Pastoral
Ensino religioso

CULTURAL

Administração – Antropologia – Biografias
Comunicação – Dinâmicas e Jogos
Ecologia e Meio Ambiente – Educação e Pedagogia
Filosofia – História – Letras e Literatura
Obras de referência – Política – Psicologia
Saúde e Nutrição – Serviço Social e Trabalho
Sociologia

TEOLÓGICO ESPIRITUAL

Biografias – Devocionários – Espiritualidade e Mística
Espiritualidade Mariana – Franciscanismo
Autoconhecimento – Liturgia – Obras de referência
Sagrada Escritura e Livros Apócrifos – Teologia

REVISTAS

Concilium – Estudos Bíblicos
Grande Sinal – REB

VOZES NOBILIS

Uma linha editorial especial, com importantes autores, alto valor agregado e qualidade superior.

PRODUTOS SAZONAIS

Folhinha do Sagrado Coração de Jesus
Calendário de mesa do Sagrado Coração de Jesus
Almanaque Santo Antônio – Agendinha
Diário Vozes – Meditações para o dia a dia
Encontro diário com Deus
Guia Litúrgico

VOZES DE BOLSO

Obras clássicas de Ciências Humanas em formato de bolso.

CADASTRE-SE
www.vozes.com.br

EDITORA VOZES LTDA.
Rua Frei Luís, 100 – Centro – Cep 25689-900 – Petrópolis, RJ
Tel.: (24) 2233-9000 – Fax: (24) 2231-4676 – E-mail: vendas@vozes.com.br

UNIDADES NO BRASIL: Belo Horizonte, MG – Brasília, DF – Campinas, SP – Cuiabá, MT
Curitiba, PR – Fortaleza, CE – Juiz de Fora, MG – Petrópolis, RJ – Recife, PE – São Paulo, SP